LES TERRE-NEUVES POLITIQUES

PAR

HICHŒCHOC

Prix : Cinquante centimes.

AUTUN

IMPRIMERIE DE LOUIS DEPLOYER

1872

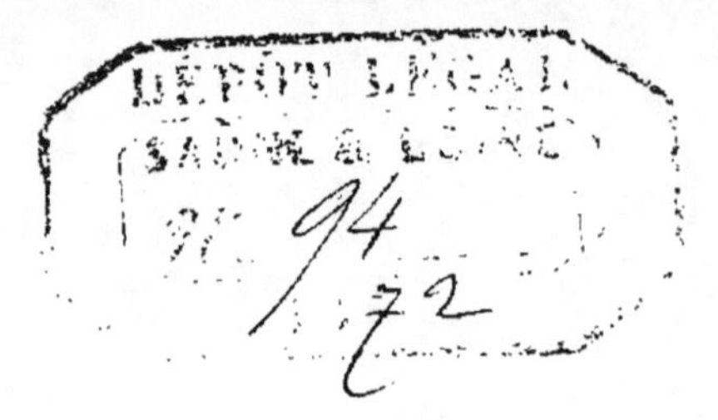

LES

TERRE-NEUVES

POLITIQUES

LES

TERRE-NEUVES

POLITIQUES

PAR

HICHŒCHOC

AUTUN

IMPRIMERIE L. DUPLOYER

1872

LES
TERRE-NEUVES POLITIQUES

Jamais, depuis longtemps, la France ne fut assaillie d'une pareille quantité de sauveurs : c'est une véritable plaie à laquelle les Egyptiens ont eu le bonheur d'échapper, eux qui en comptèrent jusqu'à sept à la fois.

L'horizon en est obscurci et rien ne m'étonnerait moins que de voir les chiens de Terre-Neuve et leurs collègues du St-Bernard se périr de jalousie à ce touchant spectacle.

C'est surtout la catégorie dite Pasteurs des Peuples qui encombre la place et se fait remarquer par son zèle à vouloir nous arracher de l'abîme où nous a plongé un des membres les plus marquants de la corporation. Je ne cacherai pas que cette dénomination de Pasteurs des Peuples m'a toujours semblé une amère ironie de la destinée, car il est à remarquer qu'un de ces industriels n'a pas plutôt escaladé les marches du pouvoir qu'immédiatement son peuple l'envoie paître.

Il faut croire, cependant, que ce métier porte en lui des douceurs infinies, puisqu'à la première nouvelle de la vacance d'un trône, il se présente au poteau du départ pour se le disputer, autant de concurrents que s'il s'agissait d'un handicap aux courses de Longchamps : c'est une variante nouvelle du grand prix de Paris où les amateurs, tout comme les sportmens, ont aussi leurs couleurs.

— On peut même parier : à 100 contre 1 la casaque blanche !

— Peu d'amateurs, je suppose !

— Certes, je suis loin d'être dévoré du désir de donner à ces Messieurs un emploi quelconque de leurs facultés pernicieuses, mais comme bon nombre de mes concitoyens ne sont pas guéris de la monomanie, qui consiste à se crever les yeux pour se faire conduire par un caniche plutôt que d'employer l'organe visuel, dont la nature nous a pourvu, il devient absolument nécessaire de s'occuper de cette troupe dramatique où l'on trouve, hélas ! autant de tragédiens que de comiques.

Nous allons donc, si vous le voulez, lecteurs, examiner les papiers de ces honorables avec leurs titres, qualités et états de service. Bien que le but qu'ils poursuivent soit absolument le même, c'est-à-dire l'abdication plus ou moins complète, en leur faveur, des droits et de la volonté de la nation, la concurrence et l'amour-propre s'en sont mêlés et trois groupes principaux se sont formés, qui ont adopté des raisons sociales différentes, dans l'espoir présomptueux d'attirer ainsi l'attention du public sur l'excellence de leurs produits. Nous avons nommé la Légitimité, l'Orléanisme et l'Empire. Non contents des récits de l'histoire, ils ont adopté, pour se faire connaître, le système mis en usage par la douce Revalescière et le tapioca Feyeux, sauf qu'ils choisissent la première page de préférence à la quatrième et chacun peut voir dans divers journaux des insertions dans le genre de celles-ci :

Je déclare qu'ayant été soumise pendant de trop longues années au régime débilitant du Droit-Divin, j'ai contracté, vers 1830, une maladie constitutionnelle dont je n'ai pu me débarrasser que vingt ans plus tard, par l'application d'un vigoureux 2 décembre. Depuis cette époque j'ai toujours été sous l'Empire .... d'un bien-être véritable à l'exception d'un léger malaise que j'éprouvai en 1870, mais qu'il est impossible d'attribuer à ce régime.

Signé : — LA FRANCE IMPÉRIALE.

Plus loin. —

Depuis quatre-vingts ans j'étais atteinte d'un vertigo obstiné que rien ne pouvait vaincre. Après m'être successivement adressée a des charlatans, nommés Révolutionnaires, à une tireuse de cartes du nom de République et à d'autres *empiriques* qu'il est inutile de nommer, je reconnais que la délicieuse bouillie d'avoine autoritoire, préparée par la maison de Bourbon à Lucerne (Suisse) est la seule nourriture qui convienne à mon tempérament.

Signé : LA FRANCE DE ST-LOUIS.

Alias. —

Inoculez ! Inoculez ! Les semblables par les semblables ! La France est infectée du virus républicain, il faut la guérir par l'inoculation ! Mais cette délicate opération ne peut s'effectuer sans danger ni douleur que par le procédé des Frères d'Orléans !

Signé : LA FRANCE CONSTITUTIONNELLE.

Et comme la crapule ne veut pas être en reste d'éloquence on peut lire encore :

Je vous dis, moi, que je crève d'inanition, quoi ! tout bêtement ! qu'on me laisse seulement me soûler neuf jours sur huit et on verra comme je marcherai droit, nom d'un chien ! Une bonne tamponne f... et des robes de soie à chiffonner un brin, je ne vous dis qu'ça et je ressuscite le troisième jour !

Signé : La France démagogique.

Seule la France républicaine se tient à l'écart, car dans ce concert de folies, la voix de la raison n'aurait pas plus de chance d'être écoutée que celle du roi d'Araucanie.

— Avant de commencer la séance et de faire poser devant notre objectif ces différents amoureux de la toute-puissance, qu'on me permette un léger aperçu philosophique, destiné à servir d'avis aux nombreux consommateurs qui sont appelés à manger de la cuisine politique.

— Il n'y a que deux espèces d'hommes politiques : les hommes à convictions et les hommes à opinions. Tous procèdent de la même manière, c'est-à-dire qu'ils interrogent les faits et examinent les principes. Cette besogne faite, les premiers se placent face à face avec leur conscience, puis s'inclinant devant son verdict, acceptant sans arrière pensée l'arrêt suprême de cette nouvelle pythonisse, vont droit leur chemin sans s'inquiéter des mesquineries humaines. Hélas ! ceux-là sont les : « Rari nantes in gurgite » vasto. »

— Les seconds n'éliminent pas toujours la conscience, et lui laissent même quelquefois voix délibérative.

Seulement ils lui adjoignent comme assesseur, toute cette famille de petites passions que le cœur de l'homme nourrit et entretient à ses frais : de là, l'effroyable mobilité d'idées que l'on rencontre principalement chez les conservateurs, dont il faudrait plus de temps pour compter les opinions écloses en 24 heures, que pour énumérer les menus du baron Brisse.

— Il y a bien encore ceux qui regardent la conscience comme un mécanisme suranné, répudié par le progrès et pour lesquels la seule voix de l'égoïsme peut avoir des charmes : ceux-là sont incurables.

La troupe politique ne se compose donc réellement que de deux groupes : seulement, le procédé employé par le plus grand nombre pour arriver à la découverte de la vérité, me semble tellement fantastique, que j'éprouve le besoin de le signaler à l'attention des générations passées. Voici la recette. — Vous prenez un fait : vous le retournez sur toutes les coutures et vous le manipulez jusqu'à ce que la cause qui l'a produit vous semble connue. Puis alors, vous posez gravement des principes grandioses. — Exemple : Nous avons été complètement abîmés en 1870. — Voilà un fait. Quelle est la cause de cet éreintement ? Après avoir cherché, vous répondez, je suppose : « L'impéritie de l'Empire. » — Alors, vous hissant sur le dos de cette découverte, vous déclarez à tous que l'empire est une maûvaise chose et qu'il faut chercher ailleurs ! Et voilà, chez vous, un principe qui restera immuable jusqu'au jour où vous aurez trouvé une autre cause à nos désastres, et où vous crierez à pleine voix : « Vive l'empereur. »

Une pareille manière de raisonner est tellement insensée, qu'on serait tenté de lui mettre la camisole de force !

Je ne voudrais pas être accusé de faire, en ce moment, un cours de logique à l'usage des gens du monde : mais veuillez donc considérer pourtant, que si la même cause produit le même effet, le même effet peut être produit par nombre de causes différentes, et qu'alors vous êtes exposés à voir éclore autant de principes que l'on aura trouvé de causes à un effet !

Si l'on veut se servir en politique de l'examen des faits, on ne doit l'employer que comme un moyen de contrôler les conséquences rigoureuses qui doivent découler de principes bien affirmés ; et ces derniers ne peuvent et ne doivent jamais être que les produits de l'intelligence humaine, soumis à l'examen de la conscience. Exemple : — Je prends le même. Pourquoi avons-nous été si bien disloqués en 1870 ? — On a répondu : à cause de l'impéritie de l'Empire. — Soit : mais nom d'un petit bonhomme, restez-en là pour le moment, et après avoir pris les choses de bas en haut, prenez-les maintenant de haut en bas et dites-vous donc : Les principes politiques représentés par l'Empire étaient-ils mauvais ? — Oui ? Alors nous avons beaucoup de chance de voir en surgir des conséquences désastreuses, et comme les faits viennent prouver que réellement ces conséquences ont été désastreuses, vous pouvez vous carrer dans votre hostilité envers l'Empire avec une chance de plus, d'être dans le vrai.

Remarquez encore, qu'avec la façon de raisonner que j'ai signalée plus haut, on peut, lorsqu'on a de la bonne foi, se trouver acculé dans une singulière impasse.

Voilà, par exemple, un admirateur sincère des principes de l'Empire : mais l'examen des faits vient lui démontrer, d'une façon irrécusable, que nos désastres sont dus aux fautes de ce gouvernement. Le voilà donc bel et bien forcé de conclure que l'objet de son admiration n'a droit qu'à son mépris, et de brûler ce qu'il avait adoré! Aussi, le plus souvent, transigera-t-il avec sa conscience et cherchera-t-il une autre cause à nos malheurs : il la trouvera infailliblement!

J'ai la conviction, lecteurs, que vous n'avez rien de commun avec les gens dont je viens de parler : mais si, par hasard, vous n'aviez pas encore jeté l'ancre dans l'océan politique et que vous désiriez sincèrement vous éclairer, c'est vous que j'invite à visiter les malles de nos sauveurs et à viser leurs papiers. Je frappe donc les trois coups de rigueur et la toile se lève sur :

LA LÉGITIMITÉ

(Maison fondée en...)

La légitimité est, aux tendances modernes, ce que les diligences sont aux chemins de fer : La légitimité, c'est la prétention de faire tenir dans la tête d'un seul homme, toutes les conceptions qui bouillonnent dans les cervelles françaises, c'est vouloir loger un jeu d'orgue dans une boîte à musique, c'est la douce folie qui consiste à vouloir extraire un gouvernement de toutes pièces du moule qui a servi à couler les St-Louis et les François Ier. C'est, en un mot, l'absorption des droits de tous par un seul, l'avenir de la France, le progrès, la civilisation et toutes les grandes choses que peut enfanter le génie national, confiés aux mains plus ou moins débiles d'un homme!

Oh! ne vous récriez, messieurs du parti! car c'est là la vérité : un peu crue, un peu brutale peut-être, mais la vérité.

C'est en vain que vous nous entretiendrez de la haute intelligence, de la justice et de toutes les vertus de votre idole ; car vous nous découvrez ainsi un des plus grands dangers de votre système. Qu'arriverait-il de nous, bon Dieu! si avec la puissance que vous êtes disposés à lui reconnaître, elle avait hérité de l'indélicatesse des Cartouche et des Dumollard.

C'est en vain, aussi, que vous nous parlerez des tempéraments apportés à l'autorité absolue, du contrôle des représentants du pays. Nous les connaissons ces moyens de tempérer et de diriger la toute-puissance! Il ne faut pas regarder bien loin en arrière pour les retrouver ces prétendus paratonnerres de l'absolutisme! Il n'est pas encore oublié ce Corps législatif qui en tempérait les ardeurs à peu près comme une toile d'araignée tempère celles du soleil, et ce Sénat qui en dirigeait les mouvements de la même façon que l'aveugle dirige ceux de son barbet !

En vain également, nous parlerez-vous de vos gloires envolées que vous prétendez être aussi les gloires de la France ! car en prêtant l'oreille aux échos du passé, à travers les vains bruits d'une grandeur contestable, il nous serait trop facile de distinguer les plaintes et les cris de souffrance de tout un peuple !!

Vous avez tous, dites-vous, messieurs, le culte très respectable d'ailleurs des souvenirs. Mais pensez-vous en avoir le monopole ? Si vous gardez la mémoire des années réputées glorieuses de 1600 à 1700, nous n'avons pas oublié nous, celles de 1814 et 1830 ; et ces temps sont plus faciles à juger, étant plus près de nous !

Nous nous souvenons que c'est par la force et pis encore, avec l'aide d'une armée prussienne, que Louis XVIII put gravir les marches du trône ! Nous nous souvenons que cette Charte du 4 juin 1814 que votre maître voulut bien *octroyer* au peuple français, se trouvait entachée de quelques petites libertés bien mesquines, hélas ! et qui pourtant semblèrent exorbitantes à son successeur et frère le bon roi Charles X ! Et puisque vous aimez à feuilleter le passé, n'ayez donc pas l'air de fermer les yeux sur les temps qui séparèrent 92 de 95, où vos *pères* et *amis* pactisèrent avec les ennemis de la France!

Croyez-moi: ne venez pas nous parler de liberté: Nous avons le cœur encore trop froissé par l'autorité monarchique, pour que votre langage ne nous rappelle la Prusse armée parlant de paix universelle!

— Oh! je sais bien que vos bonniments, même les plus autoritaires contiennent une sorte de sentimentalité familière qui pourrait mettre, parfois, du vague à l'âme! Pour vous le Roi, dont vous tenez, à tout propos, à mettre en relief les qualités morales afin de nous tranquiliser sur les mesures à venir, le Roi, dis-je, n'est pas ce qu'un vain peuple pense, c'est-à-dire un Simili-Dieu planant au dessus de la multitude, c'est un père assis au milieu de ses enfants!

Tableau! — Certes, ce serait un beau spectacle que celui de votre candidat tisonnant, par une froide soirée d'hiver, dans l'âtre d'un des salons du Louvre, et ayant à ses côtés ses trente-six millions de sujets! Des causeries intimes s'établiraient; « Jean Pierre, dirait-il à l'un, que devient ta vache malade, mon petit? — Toi, Jacques, mon garçon, tu

parles du nez ce soir, tu te seras enrhumé ! »
et tirant de sa poche un mouchoir aux armes
de France, il s'approcherait, et de sa voix la
plus douce : « Allons, souffle et tiens-toi chau-
dement cette nuit. »

— Vraiment, ce serait fort touchant, et à
cette pensée, je sens un vieux reste de pleurs
se faufiler à travers mes cils. Mais, ne serait-
il pas à craindre que dans la pratique, les
trente-six millions de sujets ne fussent rem-
placés par quelques douzaines de gentils-
hommes qui, pour éviter toute fatigue à sa
Majesté et prolonger le plus possible ses pré-
cieux jours, s'empresseraient d'édicter des lois,
publier des ordonnances où les désirs du bon
peuple seraient loin d'être prévenus.

— Une chose non moins bouffonne que ce
qui précède, est la façon dont se terminent
ces sortes de réclames. Invariablement vous
trouverez cette finale : « La Monarchie légitime
» est le seul gouvernement qui puisse fermer
» l'ère des Révolutions. »

Il serait difficile, même à un clown, de
trouver un argument plus grotesque ! Comment admettre, en effet, que le gouvernement
qui a ouvert l'ère des Révolutions, puisse la
fermer ?

C'est un mécanisme que je saisis très-imparfaitement, car enfin, lorsqu'on ouvre une porte en la poussant devant soi, il devient impossible de la fermer autrement qu'en la tirant à soi, c'est-à-dire par un mouvement complétement opposé.

Mais la logique est bien la chose du monde qui préoccupe le moins le parti, car le Roi ne peut être sur le trône que par la volonté de Dieu, et les légitimistes sont, en général, de fervents adeptes du catholicisme qui a osé faire de Dieu l'être le moins logique que le ciel et la terre aient jamais porté !

Voyons, messieurs, soyez donc de votre temps ! Regardez donc un peu autour de vous ! Je veux bien vous accorder, pour vous être agréable, que votre Monarchie était un article de choix il y a huit cents ans, et que rien ne pouvait mieux convenir à des peuples en bas-âge. Mais, vrai Dieu! la France n'est plus une enfant, elle est majeure ou tout au moins émancipée, et les culottes qui lui allaient, il y a quelques siècles, lui sont trop étroites aujourd'hui !

— Vous avez un tort immense, c'est d'être moins un parti politique qu'une secte religieuse. Vous ne raisonnez pas, vous croyez : votre Roi n'est, en somme, qu'un grand Lama dont les perfections doivent nous tisser des jours de soie et d'or ! En un mot, vous avez la foi ; mais pourquoi vous imaginer que le pays tout entier voit par vos yeux ? Vous devriez savoir que les rationalistes sont nombreux chez nous, et que vous persuaderez à bien peu de français que leur devoir et leur intérêt est renoncer à tous leurs droits d'hommes en faveur de votre prophète. Demandez donc à un actionnaire de **P.-L.-M.** son opinion sur la prospérité de la ligne, si la direction absolue de celle-ci tombait entre les mains d'un homme qui aurait la liberté de mettre à exécution toutes les élucubrations de son cerveau : fut-il le plus juste des hommes, s'il avait le pouvoir de décider, le jour où bon lui semblera, que le parcours de Paris à Marseille s'effectuera moyennant vingt-cinq centimes, on peut affirmer sans trop de présomption, que tout actionnaire n'hésiterait pas à troquer son dividende contre une botte de radis.

— Non, vous ne ferez jamais faire à la France une semblable bévue ! Elle se souviendra toujours que les hommes passent et que les principes restent, malheureusement : à moins qu'on ne soit obligé de les démolir à coups de fusils, ce qui n'est certainement pas le plus beau des rêves.

— Mon Dieu, je ne me fais pas d'illusions :

je sais bien que tout ce que j'alléguerai sera
peine perdue : je sais bien que si je fais appel
à votre patriotisme, vous me répondrez que
vous suivez ses conseils en remettant debout
le trône de la vieille France.

Mais, peut-être, tomberons-nous d'accord
sur le chapitre de vos espérances ! — Fran-
chement quelles sont-elles ? Vous n'avez pas
voulu d'une restauration à la prussienne, mode
de 1814, et je dois avouer que je le regrette
jusqu'à un certain point : il nous eut été bien
doux, après avoir reçu votre prince de la main
de Guillaume-le-Déménageur, en échange de
nos milliards, de notre Alsace et de nos pen-
dules, de le voir emboîter le pas derrière son
bon frère de Russie à la mascarade de Berlin !
Quoiqu'il en soit, vous ne l'avez pas voulu,
et votre parti a même brûlé ses vaisseaux en
combattant vaillamment sur les champs de
bataille de 1870 : peut-être, avait-il à cœur
d'effacer la tache qu'il portait à son front
depuis soixante ans, et cette lessive n'était
vraiment pas superflue.

Cette ressource enlevée, que vous reste-t-il
donc ? le coup d'état et le suffrage universel :
mais vous ne voulez ni de l'un ni de l'autre.
Le premier de ces moyens qui a été élevé
récemment à la hauteur d'un art, répugne,

dites-vous, à votre honnêteté ; et puis, en auriez-vous la possibilité ? — Quant au suffrage universel, fi donc ! *vade retro !* Du reste, vous reconnaitriez au peuple la faculté de manifester librement sa volonté, que votre Droit-Divin vous interdit l'usage de ce mécanisme satanique : car ce qui est de par Dieu, n'a que faire de la sanction du peuple. — Mais alors, que vous reste-t-il donc ? et que signifient ces mots tombés de la bouche de votre prince en 1870 : « La parole est à la France.» Comptez-vous sur l'acclamation ? Pensez-vous qu'à l'instar de la France de Saint-Louis, celle de 1870 va s'écrier aussi : *Diex el volt* — Dieu le veut ! Ce ne serait, en somme, que le suffrage universel parlé : mais cela ne sera pas et il n'est pas possible que vous soyez dupes de ces songes creux. Qu'attendez-vous donc alors, singuliers retardataires ? Qu'attendez-vous donc de l'avenir ? Sur quelle force occulte comptez-vous pour vous pousser en avant, lorsqu'avec une ardeur sénile, vous tendez les bras vers votre insaisissable fiancée?

Voulez-vous donc lutter jusqu'au bout et préférez-vous à l'honneur viril de relever votre pays, la vaine gloire du sénateur romain attendant la mort sur sa chaise curule ?

— Renoncez donc, une bonne fois, à vos

chimères, et si vous aimez à vous souvenir, consolez-vous en méditant ce vers du poëte des Jeunes :

Un souvenir heureux est peut-être sur terre,
Plus vrai que le bonheur !

Passons à :

L'ORLÉANISME

Vous est-il arrivé d'assister à une foire de Saint-Cloud ou de quelqu'autre localité, célèbre par ses mirlitons et ses bonshommes en pains d'épice ? Probablement. — Alors, vous avez dû rencontrer entre les palais de sapin de la femme sauvage et du phoque mélodieux, un pitre chamarré d'oripeaux verts, jaunes, bleus, rouges, véritable spectre solaire acheté au Temple, sautant comme une chèvre, se démenant comme un écureuil en cage, et répandant sur la foule les torrents d'une éloquence qui ne rappelait, en quoi que ce soit, celle de Bossuet.

Si vous avez oublié ses périodes, en voici l'analyse : « Mesdames et Messieurs, je n'ai

» pas la sotte présomption d'attirer votre atten-
» tion par le spectacle écœurant de quelque
» phénomène vulgaire comme ceux dont je
» suis entouré. — Non : j'ai pour vous trop
» d'estime et de considération. Ce que je veux
» offrir à vos regards stupéfaits, est la solu-
» tion d'un problème devant laquelle pâlissent
» toutes les découvertes modernes, c'est le
» nec plus ultrà de l'audace, c'est le triomphe
» de l'homme sur le Créateur. (Oh ! oh !)
» Oui, Messieurs, et vous ne le nierez pas
» lorsque vous aurez vu vivant et respirant
» comme vous et moi, le produit de la Carpe
» et du Lapin ! »

Il dit : et la foule barriolée, assoiffée de cu-
riosité par l'annonce du bateleur se précipita
dans le sanctuaire : Peu à peu le silence se
fit et le pitre qui, pour cette circonstance, avait
revêtu un habit jadis noir, s'avança sur l'es-
trade puis, saluant par trois fois l'aimable
société, laissa tomber ces simples mots :
« Mesdames et Messieurs, l'intéressant sujet
que j'avais l'intention de vous présenter, *moi-
même*, vient d'être pris d'une indisposition
subite qui met ses jours en danger. Le repos
et le calme absolus lui sont prescrits par les
princes de la science, et je me verrais dans
l'impossibilité de satisfaire votre légitime cu-

riosité si je ne pouvais vous montrer le père et la mère de mon pensionnaire, ce qui sera absolument la même chose. »

Pareille bouffonnerie a eu lieu en 1830 ; certains utopistes et quelques farceurs avaient rêvé de croiser la République avec la Monarchie et d'en tirer un gouvernement idéal. Mais ayant reconnu l'impossibilité d'un pareil accouplement, ils se sont décidés à montrer à la France le père et la mère, c'est-à-dire la Monarchie vivant côte à côte avec des institutions qui avaient la prétention peu justifiée d'être républicaines.

— Si le régime parlementaire a rogné les griffes à la Royauté, il lui a laissé toutes ses dents, et voilà pourquoi la Monarchie constitutionnelle n'est qu'une superfétation dangereuse. — Surperfétation, parce que si le Chef de l'État veut s'en tenir aux prérogatives qui lui sont accordées il n'est qu'un objet de luxe inutile. — Dangereuse, parce que le jour où la nostalgie du despotisme le saisira, il aura sous la main tous les moyens nécessaires pour satisfaire sa petite envie.

— Un argument cher aux partisans de ce régime est l'exemple de la Hollande et de l'Angleterre.

C'est qu'il y a malheureusement trop de

gens, imitateurs nés de toutes choses : le cachet de l'étranger leur suffit pour réclamer l'introduction immédiate d'un produit quelconque. Comment ne voient-ils pas, dans le cas présent, que la constitution de la société dans les pays dont ils envient le sort n'a aucun rapport avec la nôtre? De ce que les artistes du cirque des Champs-Élysées se tiennent debout sur des chevaux sans selles ni brides, faut-il en conclure que c'est là le genre d'équitation le plus normal !

— Faut-il donc répéter à satiété que le moral de l'homme autant que le physique est le résultat du climat, de l'hygiène, des mœurs, des habitudes, de l'alimentation, etc., etc., et que pour cette raison, telle chose qui convient au tempérament d'un peuple est détestable pour un autre? Les îles Pomotou sont peuplées d'hommes et de femmes, qui d'un bout de l'année à l'autre se vêtissent d'un anneau de métal qu'ils se passent dans le nez : pourquoi nos imitateurs en question ne réclament-ils pas aussi l'introduction de cette mode? ils seraient logiques, et les notes de tailleurs cesseraient d'atteindre des hauteurs où l'on perd moins la respiration que le fruit de ses économies.

—Si les gens qui, se préoccupant fort peu

de la recherche de la Vérité et de l'Idéal, se
bornent à fouiller le passé pour y trouver des
systèmes plus ou moins réussis, si ces gens,
dis-je, ont oublié la Révolution de 1848 et
ses causes, la crise récente qui s'est produite
en Belgique aurait dû leur ouvrir les yeux. —
Par suite de l'absence du suffrage universel,
la majorité de l'Assemblée qui gouverne un
pays en proie au régime parlementaire, au
lieu d'être la représentation de la nation
entière, n'est que la représentation des classes
élevées : il en résulte à certains moments un
antagonisme forcé entre le ministère régnant
et l'opinion publique. Quelle doit être l'attitude
du chef de l'Etat en pareille circonstance? Il
n'a que deux partis à prendre : ou bien il
maintiendra la constitution dans toute son
intégrité, et alors en avant les charges de
cavalerie, les coups de bayonnettes et autres
gracieusetés. Ou bien, il cédera à la pression
de l'opinion et changera le Ministère: c'est
cette dernière solution qu'a préférée le roi des
Belges, et il a bien fait : cependant, il faut
reconnaître qu'il a consacré, ce jour-là, un
exercice vicieux du suffrage universel; car sa
décision lui a été dictée non par le peuple
belge, mais par une fraction de la population de
Bruxelles, qui, si elle eût été réellementre pré-

sentée à l'Assemblée, n'aurait pas employé pour obtenir justice, les rassemblements et les interpellations de la rue! Tant il est vrai que lorsqu'il s'agit de la représentation du peuple, tout est leurre, fausseté et artifice en dehors du suffrage universel!

— Je n'ai pas à énumérer ici les fautes de la Monarchie de Juillet, pas plus que je ne l'ai fait pour la Légitimité. — Quelque gouvernement que nous ayons, il sera toujours imparfait, pour cette seule raison qu'il sera l'ouvrage des hommes : notre seul et unique but est donc de chercher celui qui répond le mieux aux exigences de la Raison et de la Conscience. La Monarchie constitutionnelle est-elle dans ce cas? Je ne le pense pas ; et vous?

Demandez le programme, l'entr'acte, la chanson chantée par Mr N. B. à l'avant dernier acte de la pièce tragico-comique, intitulée le Deuxième Empire. Demandez, je ne la vends pas, je la donne.

LE DEUXIÈME EMPIRE

(CHANSON)

Imitée de la Lorette de Nadaud.

Je suis l'Empire,
J'ose le dire,
Le plus coquet de ce bel Univers ;
Les Imbécilles,
Les difficiles,
Prétendent seuls que tout va de travers. (bis).

Oh ! République et tes vertus austères,
Oh ! rois bourgeois, docilement soumis,
Arrière ! arrière ! à bas les compromis
Et place à moi, place à mes janissaires !
Et dzing boum boum,
Et dzing boum boum,
Ici, rêveurs, et décrottez mes bottes,
Les députés,
A mes côtés,
Font ma cuisine et brossent mes culottes. (bis).

Pour s'attacher l'oiseau de Jupiter
Le Grand Homme dut broyer des armées,
Et jetant bas d'antiques renommées
Durant quinze ans, lasser sa main de fer !
Bien moins classique,
Mais plus pratique,

J'eus un moyen dont je vous ferai part.
Sans en rien dire,
Tenant mon rire,
Dans mon chapeau je mis un peu de lard ! (bis).

Bien, qu'entre nous, ce soit une vétille
Peut-être à tort je me montre indiscret,
Et, s'il vous plaît, gardez-moi le secret,
Sinon pour moi du moins pour ma famille !
Les insolents
Et les méchants
M'accuseraient d'aimer la parodie,
Et mes aïeux,
Du haut des cieux,
Seraient vexés de cette comédie. (bis).

Je tends la main aux purs républicains,
Je fais risette à la Démocratie,
La liberté... je lui monte une scie
Puis tout à coup je lui casse les reins :
Voilà ma vie
Et mon génie,
Je sais toujours être fourbe avec art,
Et chacun pense,
En conscience,
Que je suis franc... on a tort blague à part. (bis).

Je ne vis pas des soupirs de la brise,
Vingt-cinq millions c'est plus substantiel,
Je vis surtout de l'humaine bêtise,
Vous le voyez mon règne est éternel !

Pauvre crédule,

Grand sans scrupule,

Blanc, rouge ou bleu, payez, payez, mon bon,

L'un mes frédaines,

L'autre mes haines,

Mes coups d'état et mes fautes sans nom. (bis).

Les deux peuples dont j'ai fait la puissance,

Peut-être un jour me tourneront le dos ?

Qu'importe après s'ils démembrent la France,

Rien de cela ne trouble mon repos.

Je ressuscite

Le plébiscite,

Je prouve à tous que je suis incompris,

Les gobes-mouches

Sont peu farouches,

Et sont nombreux dans ce charmant pays. (bis).

Ma politique est ma biographie :

Le hasard seul toujours guida mes pas,

A la fortune hardiment je me fie,

Car de ses coups je sais qu'on ne meurt pas !

C'est sans vergogne,

Qu'après Boulogne

Je mis dedans le peuple souverain :

Au deux décembre,

Ce fut la Chambre

Que je coffrai craignant son peu d'entrain. (bis).

Dieu ! les bons tours, les plaisantes histoires

A dire un soir loin de tous les tracas !

Je veux bientôt publier mes mémoires,
Mais, je le crains, on ne me croira pas !
Les mascarades,
Les fusillades,
S'étaleront en larges lettres d'or,
Et puis les bustes
Des fous augustes,
Le mien, le vôtre et bien d'autres encor ! (bis).

Les déportés et les guerres lointaines
Qui m'ont conté... vous seuls le saurez bien,
Les rendez-vous et leurs douces aubaines
Puis les préfets qui ne respectent rien !
Je suis l'empire,
Non rien de pire
N'existe sous la calotte des Cieux,
Pourtant j'espère,
Laissant sur terre
Un nom béni par un peuple gâteux ! (bis).

L'EMPIRE

J'entends d'ici tous les Joseph Prudhomme
du parti, s'écrier sur un ton chevaleresque :
« C'est indigne ! C'est infâme ! On ne frappe
» pas ainsi un homme à terre ! on ne s'a-
» charne pas ainsi sur un cadavre. » !

— Pardon, Messieurs, mais il me semble qu'on peut être autre chose qu'un hideux vautour ou une hyène crapuleuse, et cependant, ne pas se croire obligé de tomber en extase devant les actes d'un homme, sous le prétexte peu sérieux, que cet homme a dégringolé d'un trône habilement détourné. — « C'est sous le règne du *tyran* qu'il eût fallu » dire ces choses, » ajoutent-ils comme pour stigmatiser ma lâcheté. — « Vous parlez d'or, bonnes gens, mais il n'y a qu'un inconvénient à cela, c'est que je ne l'aurais pas pu : car si les lettres de cachet n'existaient plus contre les personnes vous n'ignorez pas qu'il y en avait encore contre les écrits ! »

Je veux bien que le pape me désigne pour son successeur si je n'ai pas horreur des personnalités ! Mais, est-ce ma faute à moi, si dans le gouvernement impérial, les actes de l'homme et ceux du souverain se sont toujours trouvés si bien soudés les uns aux autres, qu'il devient plus difficile de les séparer que s'il s'agissait des frères Siamois ! — Je tiens cependant à déclarer ici que je veux juger l'Empire et non l'Empereur : si le principe est mauvais, qu'importe l'homme !

— L'Empire est de toutes les monarchies la plus dangereuse parce que, vis-à-vis du peuple, elle a toujours été la plus rusée et la plus habile.

— Lisez en effet la constitution du 14 janvier 1852 ainsi que la proclamation y annexée, et je vous défie bien de déclarer que cet ensemble n'est pas un chef-d'œuvre de ruse et d'adresse, parachevé avec un art infini par le sénatus-consulte du mois de novembre suivant. — Qu'on m'en permette une légère esquisse :

« Peuple français, peuple de braves, écoute-
» moi : je me suis immiscé dans tes af-
» faires sans te consulter ; mais c'est pour
» ton bien, vois-tu ! Tu te trouvais dans un
» pétrin sans nom, tu voulais en sortir à
» tout prix, (oh ! ne le nie pas, car tu
» le voulais, c'est moi qui te le dis !) eh !
» bien, je t'en ai tiré pour rien. Je serai suf-
» fisamment payé par le concert de bénédic-
» tions dont tu vas emplir les airs et par le
» titre de président pour dix ans, dont je me
» contente momentanément, — J'ai organisé
» une petite mécanique gouvernementale ins-
» pirée par le grrrand principe de 89, et je
» ne doute pas qu'elle ne fasse ton bonheur !
» Du reste, peuple de braves, tu demeures tou-
» jours le juge suprême, et si la petite méca-
» nique déjà nommée ne fonctionnait pas à
» ta plus grande satisfaction, tu n'auras

» qu'un signe à faire pour que je la remise
» immédiatement, elle et son inventeur sous
» les arcades profondes de l'oubli. »

Quoi de plus simple, et à la fois de plus grandiose! Comment admettre que ce prodige de sagesse et de désintéressement n'était pas plutôt un revenant de la Sparte antique qu'un échappé de Boulogne !

— Le sénatus-consulte de novembre venu, plus d'un enthousiaste a dû dresser l'oreille, mais il n'était plus temps car l'homme antique était déjà devenu, *providentiel !*

Providentiel ! voilà un mot sur lequel on devrait bien méditer quelque peu ! Moi qui suis très tolérant par nature, j'avais toujours cru que la religion superstitieuse était quelque chose de parfaitement anodin, sinon à professer du moins à pratiquer : mais voilà que je suis bien revenu de mon erreur. — Il paraît que c'est beau de reconnaître une erreur ! mais je n'en suis, croyez-le bien, pas plus fier pour cela.

— Prenons par exemple le pèlerinage de Lourdes : quoi de plus inoffensif en apparence que trente ou quarante mille personnes aillent en partie de plaisir remplir des petites fioles, d'une eau limpide et saine. Certainement. — Mais on m'apprend tout à coup que de pieux pèlerins, espérant obtenir la guérison d'un ami ou d'un proche, atteint d'une paralysie complète, l'ont transporté avec eux, puis immergé dans l'onde glacée de la source ! Deux jours après le malheureux était emporté par une fluxion de poitrine, lui et ses rhumatismes ! — La plaisanterie, il me semble, cesse en pareil cas d'être innocente !

— Eh ! bien, il en est de même des hommes providentiels. Au premier abord, cette épithète se borne à vous procurer une douce hilarité : mais réfléchissez seulement pendant dix-huit mois et vous verrez que cette croyance à des hommes surnaturels peut avoir de funestes conséquences.

En effet, voilà un homme qui se présente à vous muni, prétend-il, de lettres de recommandation de la Providence. Vous, croyant, quel parti devez-vous prendre ? Evidemment votre devoir est tout tracé et vous vous faites le petit discours suivant : « Du moment que le Ciel m'envoie franco un délégué aux choses terrestres, il ne m'est pas possible de lui faire mauvais accueil : je vais aller au devant de lui et sémerai des fleurs sur son chemin » : et vous allez et vous semez des fleurs sur son chemin. Chose d'autant plus regrettable que les dix dixièmes du temps ses lettres de recommandation sont apocryphes, ce que l'avenir se charge toujours de démontrer.

— Si, au contraire, on ne voyait au lieu et place d'un homme providentiel qu'un simple produit des circonstances, il deviendrait infiniment plus facile de se mettre à l'aise vis-à-vis de lui et de sonder ses intentions.

Il faut bien le reconnaître, dans chaque français on trouve presque toujours l'étoffe d'un jobard : de temps à autres il nous tombe d'une planète quelconque un prince infiniment moins beau que le jour, dont le premier souci est de jurer sur les choses les moins sacrées, qu'il est dévoré du désir de faire notre bonheur ! et nous, nous donnons là dedans tête baissée. — Mon Dieu, ce n'est pas que je veuille invectiver les intentions du Prince en question, mais il faudrait comprendre ce que parler veut dire et donner aux mots leur véritable signification : il veut faire notre bonheur ; soit, je n'en doute pas, mais cela peut s'entendre de mille façons différentes.

— Chaque jour, n'est-ce pas, vous entendez dire que le lézard est l'ami de l'homme. Faut-il en conclure pour cela qu'on l'a vu se précipiter dansles flammes d'un incendie, au péril de sa vie, et rapporter, saine et sauve, une jeune mère à demi-folle de terreur et serrant contre sa poitrine deux jumeaux de huit mois ? ou bien aurait-on ouï dire qu'un de ces reptiles eût laissé en mourant des sommes considérables pour la fondation d'un hospice de vieillards ? Pas que je sache. Je crois simplement que son titre lui vient de l'impossibilité dans laquelle il se trouve de nuire à l'homme. Peut-on en dire autant des princes ?

— Indépendamment de ce qui vient d'être dit sur la constitution de 1852, l'Empire a fait preuve d'une grande supériorité sur tous ses concurrents monarchiques : lui seul a reconnu l'existence de ce courant démocratique qui traverse les nations modernes en général et la France en particulier ; et au lieu d'y faire obstacle il l'a dirigé à son profit. — C'est pour cela que tout l'édifice impérial reposait sur le suffrage universel. — Les masses ignorantes n'étaient que trop faciles à circonvenir par un homme qui se posait en sauveur, et il n'est pas étonnant, qu'avec un peu de ruse, on ne soit arrivé à faire du suffrage populaire un puissant adjuvant du despotisme.

C'est à cette époque que remonte la création de ce fameux traquenard administratif organisé avec une habileté qu'on aurait bien dû réserver pour de meilleures occasions, et grâce auquel pas un seul vote ne pouvait échap-

per au signal donné : si bien qu'on pourrait dé-
finir l'Empire. « L'art de manier le suffrage
universel et de s'en faire 7,000,000 de Oui. »

— Les tours de force les plus bizarres ont
été exécutés à l'aide de cette petite ma-
chine infernale : on a même poussé l'insanité
jusqu'au contre-sens formidable de faire sanc-
tionner le principe héréditaire par le seul élément qui constitue le principe électif. — Mais
on n'y regardait pas de si près : et les gens
qui nous reprochent aujourd'hui de nous payer
de mots, oublient trop que pendant 18 ans
nous n'avons vécu que de cet aliment : depuis
le mot : L'empire c'est la paix, — jusqu'à
celui-ci : L'ordre j'en réponds, » la kyrielle est
longue.

— En dehors des fautes d'une politique
que je ne veux pas juger, mais dont nous res-
sentons aujourd'hui les funestes effets, il y a
donc au dossier de l'Empire une charge énor-
me contre lui : car pendant 18 ans il s'est
moqué du suffrage populaire : pendant 18 ans
il a fait croire à la France qu'il lui avait fait
don d'une arme puissante, quand elle n'avait
en main qu'un jouet d'enfant.

— Et pourtant il eût pu faire un noble
usage de la toute-puissance qu'il avait usurpée
en éclairant les masses, en les instruisant de

leurs droits, de leurs devoirs politiques et sociaux, en élevant enfin le niveau moral de la nation ! Peut-être alors l'histoire se fût-elle montrée moins sévère envers lui, car au lieu d'un petit monarque elle eût eu à juger dans celui qui personnifiait l'empire, un grand homme et un bienfaiteur de l'humanité ! On lui eût pardonné comme on pardonne au colon qui achète un esclave pour le rendre à la liberté !

Au lieu de cela, l'Empire a joué vis-à-vis de la nation le rôle du ravisseur dans un détournement de mineure : et lorsque l'un est condamné par la loi, l'autre a-t-il le droit de prétendre à l'impunité ?

— Hélas ! la dynastie napoléonienne se croyait un intérêt trop grand à maintenir le peuple dans la servitude de l'ignorance ! C'est une singulière prétention qu'ont toutes les monarchies de vouloir se placer comme un écran entre la lumière et les classes inférieures de la société, et c'est en même temps un calcul bien faux. Cela rappelle ces mères de famille dont le but unique de l'éducation est d'amener leurs filles au seuil du mariage dans une parfaite ignorance des choses de la vie : elles appellent cet état, de l'innocence ! qu'arrive-t-il trop souvent ? c'est que lorsque le voile se déchire pour ces pauvres enfants, les désenchantements leur semblent si profonds d'une part, et de l'autre l'horizon se découvre si riant et si doré qu'un moment elles hésitent, chancellent, puis se précipitent de toute l'impétuosité de leurs désirs dans ce vaste abîme où l'on rencontre de si gentilles commères !

— Il en est de même pour les peuples : un beau jour le hasard se charge de leur montrer ce que vous voulez leur tenir caché, et alors la lumière qui les éblouit est si vive, les aspirations vers un monde nouveau si violentes, que l'être sensé disparaît pour faire place à la brute et à tous ses sauvages instincts. — Voilà encore une recette pour produire des bouleversements, des cataclysmes sociaux, des jacqueries et des fusillades !

Résumons : L'empire a été un leurre perpétuel. — Il a trompé la France en 51, il l'a trompée en 52, — et qu'on ne vienne pas arguer des plébiscites de cette époque : car dès le début, le vote au trébuchet fonctionnait très-bien. — Il l'a trompée plus tard en lui laissant croire qu'elle avait le libre exercice du suffrage universel. — Il l'a trompée en lui persuadant que le Sénat et le Corps législatif représentaient le pays, quand en réalité ce n'était que deux assemblées soumises... à ses volontés. Et pour clore enfin une liste d'infidélités qui serait trop longue si elle était complète, il l'a trompée en 1870 en la déclarant prête à la lutte. Non : pas plus que ses concurrents monarchiques, l'Empire n'est la vérité. — Mais si ce troisième et dernier moyen de sauvetage est aussi défectueux que les deux précédents, où donc est le salut ? Je ne puis le voir que dans :

LA RÉPUBLIQUE

Il est peu de mots qui aient reçu un plus grand nombre de qualifications différentes que celui de Républicain : — Pour les femmes du monde, le républicain est un homme qui ne se lave jamais les mains et qui change de linge tous les trois mois.

Pour une douairière, c'est un homme comme le précédent, à cette différence près, que s'il se lave quelquefois les mains, ce ne peut être que dans le sang des nobles et des prêtres.

Pour un monarchiste honnête, c'est un utopiste dangereux.

Pour les gens facétieux, c'est un personnage qui mange beaucoup de veau aux carottes dans des agapes où l'habit noir est remplacé par la blouse blanche ;

Pour les conservateurs, *c'est de la canaille!*

Je pourrais continuer de la sorte et couvrir, sans me lasser, des pages entières. Mais je m'arrêterai là et vais essayer de lui rendre sa seule et véritable signification : — Le républicain, en somme, est un être auquel il a semblé profondément absurde de confier à perpétuité les destinées de tout un peuple à un homme ou à une race d'hommes, et qui alors a cherché, à l'aide de son intelligence et de sa conscience, un moyen moins fantaisiste de gouverner les peuples. Il ne lui a pas paru suffisant qu'une chose existât depuis des siècles ou des années pour la respecter, par la seule raison qu'elle n'avait pas le sens commun, ou tout au moins qu'elle n'était plus à la hauteur des aspirations modernes.

— Ceci n'est que le côté terre-à-terre de l'idée républicaine et ce cadre est trop étroit pour qu'il soit possible d'en montrer toute l'ampleur, toute l'élévation et toute la noblesse.

Mais pourquoi n'en montrerais-je pas une réduction ?

Le gouvernement républicain est, chacun le sait, le gouvernement de tous par tous : c'est là le moyen ; mais pour qu'il atteigne une réelle efficacité, il doit poursuivre avec ardeur un but auquel la monarchie a perpétuellement tourné le dos ; il doit consacrer toutes ses ressources et tout son pouvoir à faire pénétrer la lumière dans les plus petits recoins de la société ! Elle sait trop bien, la monarchie, que le jour où le peuple se connaîtra lui-même, où comme nous, il sera conscient de ses droits d'homme, elle sait trop bien que ce jour là le glas funèbre du trône se mettra à sonner en même temps que le joyeux carillon de la liberté.

— Depuis longtemps, on a énuméré les causes du développement qu'a pris la civilisation chrétienne, développement qu'aucune civilisation païenne n'a pu atteindre. Elles sont nombreuses : mais si l'humanité a pu faire sous l'influence du christianisme un pas aussi immense dans la voie du progrès, c'est surtout et avant tout qu'en appelant la femme à la vie morale, il a introduit dans le monde un élément vital d'une force immense: c'est qu'il a fait de la femme un être intelligent et pensant, lorsqu'elle n'était qu'un instrument de plaisir ou de travail, et que l'homme s'est trouvé ainsi multiplié par lui-même. Oh ! je sais bien que le rôle de la femme dans les sociétés modernes se trouve singulièrement tronqué depuis que l'idée chrétienne a dévié de sa route : sur les planches du monde, on trouve aujourd'hui plus de comparses que de *prime-donne*. Mais peu importe ; le christianisme a marqué la femme au front d'un signe indélébile, et tôt ou tard elle reprendra son empire !

— Non moins grande, mais peut-être plus féconde encore en résultats, est l'œuvre que poursuit l'idée républicaine. Quelle elle est ? Je vais le dire :

Rendre à la vie et à la lumière les milliers d'intelligences qui naissent et meurent dans les ténèbres : extraire du cerveau de ce que nous appelons le peuple toutes les richesses que la nature peut y avoir déposées, et tout en investissant chaque individu de ses droits d'homme, exiger de lui son concours de citoyen, voilà son but !

Contrebalancer les injustices du sort ; remplacer toutes les hiérarchies de hasard par celles qui doivent concourir au plus grand bien de la nation ; donner la suprématie en ce monde à toutes les nobles facultés de l'intelligence et de l'âme, voilà son espoir !

Oui ! c'est une ère nouvelle que doit ouvrir la République. Car aux arriérés et aux timides qui nous disent encore : La force ! nous répondons : Le Droit ! A ceux qui nous crient : Le Roi ! nous répondons : La Loi !

Eh oui ! la Loi ; la Loi toujours et avant tout. Car il n'est pas difficile de répondre aux accusations de violence dont on charge si complaisamment la République. — C'est vrai ! jusqu'à aujourd'hui, la République, à cause de l'ignorance des masses, n'a été qu'un parti, et pour se produire au grand jour, elle a dû parfois recourir à la force.

Mais quel est donc le gouvernement qui possède un passé assez pur pour lui jeter à la face un pareil reproche ?

N'est-ce pas grâce à la force que la Monarchie, dite Légitime, nous a été rendue en 1814 ?

N'est-ce pas aussi à la violence qu'est due la Monarchie de Juillet ?

Et l'heureuse production du 2 décembre, a-t-elle une autre origine ?

— Déshabituez la France républicaine des coups de force, et les idées de violence disparaîtront aussitôt !

— En vérité vous êtes de prodigieux compères, messieurs les Monarchistes ! vous usez et abusez du droit du plus fort et vous semblez stupéfaits quand un coup d'épaule vous jette à terre ! La violence n'a-t-elle pas perpétuellement appelé la violence ? Vous faites couver un œuf et vous vous étonnez qu'un beau jour il en sorte un poussin ! Vous jetez dans la vie vos enfants pieds et poings liés, vous les rivez à des idées qu'ils ignorent, et vous vous étonnez qu'arrivés à âge d'homme ils brisent leurs entraves !

Sans doute, la Révolution est chose criminelle, lorsqu'elle n'est que la révolte d'une minorité factieuse contre un pouvoir établi par une majorité libre de ses actes et de sa volonté. Mais elle devient juste et légitime lorsqu'elle attaque une œuvre de force et de violence. Et c'est là l'immoralité du principe héréditaire, qu'enchaînant l'avenir politique d'êtres non-existants à l'époque où il reçoit à la fois sa sanction et son application, il porte nécessairement en lui le germe d'une Révolution. Car vous n'avez pas plus le droit de faire, à votre gré, de vos enfants, les sujets d'un despote absolu ou modéré, que vous n'avez le droit d'en faire contre leur volonté des prêtres ou des moines !

— Vous accusez la République d'exclusivisme ! c'est faux ! Vous prétendez que nous ne cherchons à nous appuyer que sur ce que vous appelez dédaigneusement le peuple, — comme si le peuple ne se composait pas des trente-six millions d'hommes qui foulent le sol français ! — C'est encore faux ! Vous tous, messieurs les monarchistes, pouvez être admis dans le camp fraternel de la République, votre place y est marquée comme à tout autre ! Si parfois, cependant, en vous voyant arriver l'air contrit et vous frappant la poitrine, nous témoignons quelque défiance, faut-il vous en étonner ? Nous en avons trop vu de ces ouvriers de la dernière heure. de ces convertis in-extrémis, qui après l'abjuration de leurs erreurs, savent très bien au premier coup de sifflet d'un machiniste invisible, faire sauter la défroque républicaine et pousser un : Vive le roi ! accentué. — Heureux encore, quand ce n'est pas par leur fait qu'arrive le coup de théâtre ! — En temps de guerre, on appelle ces gens des espions. Pourquoi ne pas leur conserver cette dénomination ? Electeurs, électeurs, défiez-vous des blocs enfarinés !

Quelque dangereux que puissent être ces hommes à double face, peut-être le sont-ils moins encore que le groupe politique dont j'ai déjà eu occasion de parler. C'est à vous, conservateurs, que je fais allusion ! — Annibal redoutait plus pour ses soldats le repos et l'oisiveté que les légions romaines. — Ainsi de vous, ennemis inconscients de tout progrès, plus redoutables pour la République que ses véritables adversaires. Masses inertes, âmes aplaties, qui prêtez peu d'attention à la main qui vous guide et vous bâtonne pourvu que votre ratelier soit toujours amplement garni. — Vous qui pensez être de l'humanité et le seuil et la tombe! — Que vous importe l'avenir, celui de vos semblables et même de vos enfants, n'est-ce pas ? La meilleure politique est celle qui remplira le mieux vos poches. Et qu'importe aussi que l'humanité monte ou descende! Belle histoire en vérité. — Arrière donc Imbécilles qui pensez autrement, vous n'êtes pas *pratiques*!

— Prodigieux langage! — Mais vraiment, oui, sommes-nous donc réellement des brutes, et l'étincelle divine qui gît en nous a-t-elle été placée là pour que nous l'étouffions dans notre carapace bestiale! ou doit-elle nous aider à soulever de terre ce corps pesant qui toujours cherche à ramper! Sommes-nous ici bas pour y mener une vie de gorilles, ou devons nous chercher à atteindre ce phare éternel qui se nomme la Vérité! Hélas! vous en feriez douter. Race détestable! c'est vous notre perte, notre plaie, notre ruine! c'est vous le sol mouvant sur lequel repose tout édifice politique. C'est vous qui, un beau jour, fournissez sept millions de oui, et qui dix mois mois après n'auriez pu en produire un seul million ! Politiques à pivot, vos armes parlantes devraient être des girouettes !

— Rien de plus curieux, du reste, que l'outrecuidance naïve de ces conservateurs qui ne laissent pas échapper une occasion de s'intituler, avec une complaisance marquée, gens honnêtes, d'ordre et de bon sens ! Il faut posséder un cerveau infiniment mieux équilibré que notre budget, pour ne pas se sentir ébranlé par leurs fabuleux raisonnements : et vraiment lorsqu'on a subi le choc de leurs prétentions, on est presque tenté de regarder comme parfaitement naturel et raisonnable le spectacle suivant qui présente une grande analogie avec celui qu'ils nous offrent.

— Un homme arrive aux bains de Ligny, et demandant à parler au patron de l'établissement, lui tient ce langage plein de sens : « Monsieur, je suis natif des bords « de la Seine, et dans le cours de mon exis- » tence, je suis tombé dix fois à l'eau. Chaque » fois, j'eusse péri infailliblement, si de cha- » ritables personnes ne m'avaient arraché à » l'onde, que je n'hésiterai pas à qualifier » d'amère, bien que nous soyons à cinquante » lieues de l'Océan. Je pense, Monsieur, que

» je n'ai rien à ajouter, et que ces titres seront
» très suffisants pour que vous vous empres-
» siez de m'octroyer l'emploi de maître-nageur
» que je venais solliciter de vous! »

— A de semblables divagations, vous recon-
naîtrez un conservateur : pourvu toutefois
qu'en vous débitant les insanités dignes de la
Mariée du Mardi-gras, dont son discours sera
émaillé, il trouve moyen de vous assurer dix
fois par heure de son honnêteté et de son bon
sens! Si cependant vous conserviez (avec
cette sorte de gens on est toujours exposé à
ce verbe là) si vous conserviez, dis-je, le
moindre doute sur l'identité de votre interlo-
cuteur, parlez-lui de la question sociale! Oh!
alors ses cheveux se hérisseront sur sa tête et les
affres de la mort envahiront son être. — Pour
lui c'est la fin du monde. — Il faut bien le dire,
c'est surtout ce qui le détourne de la République, car derrière elle, il voit se dresser la
question sociale arduc, solennelle et pleine de
difficultés !

Certainement, ce n'est pas une chimère !
mais pense-t-on que pour résoudre en pareil
problème, pour arriver pacifiquement, pro-
gressivement, légalement à un dénouement
sérieux, le concours de toutes les intelligences et de toutes les volontés ne soit né-

cessaire. Est-il préférable de laisser des masses ignorantes à la merci du premier illuminé venu qui les poussera vers un but imaginaire ! — Non ! personne ne peut le croire. Mais comme tout ce qui fait partie du domaine de l'inconnu, la solution de cette question effraie, et nombre de gens ne demandent qu'une chose, c'est qu'elle soit ajournée jusqu'au moment où ils quitteront cette vallée de larmes : imitant en cela la conduite de ces braves qui trouvent toujours un prétexte pour entrer aux ambulances la veille d'une bataille !

Certes, je ne suis pas d'une naïveté assez légitimiste pour oser prétendre que le seul aspect de la République suffira à intimider les vices et les passions, au point qu'ils bouclent leurs malles et passent la frontière pour laisser la place à la vertu qui deviendra obligatoire ! Non. — Mais il est certain que s'il se formait encore au sein de la société française un de ces foyers purulents d'où l'on voit jaillir de temps à autre un Babœuf ou un R. Rigault, la République a dans la main, plus que tout autre gouvernement, les moyens d'arrêter les progrès du mal ! car à la force matérielle elle ajoute un puissant agent, la force morale !

— Depuis deux ans, nous avons éprouvé

de rudes secousses, et grâce à la sagesse d'un homme, notre convalescence se passe dans les meilleures conditions. Mais cette époque de transition touche à son terme, et dans un avenir prochain la France mettra fin à cette vie au jour le jour à cette existence de bohème politique. Ce jour là, la France républicaine sera constituée avec des institutions républicaines. Mais, pour obtenir un pareil résultat, il faut, et dès aujourd'hui, n'être ni républicain modéré ni républicain radical, mais bien, suivant l'expression du général Billot, républicain sans épithète !

Il serait imprudent d'affirmer que désormais nous aurons trouvé notre assise, et que les plus beaux jours de l'âge d'or vont refleurir. Il y a peu de chance pour cela : — Le volcan de 93 est toujours en activité et notre sol politique ne sera pas sans ressentir encore de fortes oscillations. Mais en ces jours de crise, français mes frères, défiez-vous de vos instincts réactionnaires et souvenez-vous de cette devise d'un illustre dentiste : « N'arrachez pas, guérissez ! »

LA DÉMAGOGIE

De même que le chien a les puces, la République a les démagogues.

Je m'explique : car s'il y a fagot et fagot, il y a aussi démagogue et démagogue. — Ceux que je compare ici à certains insectes connus par leur agilité, forment une nombreuse et peu honorable famille, composée en grande partie, du gibier de cours d'assise, des pourvoyeurs du bagne, des déclassés aigris, des contrefaits moralement, tous gens de sang, de sac et de corde, véritable déchet social qu'on retrouve en plus ou moins grande proportion au sein de toute société, qu'elle soit neuve ou vermoulue, républicaine ou monarchique. Ceux-là comprennent la souveraineté du peuple à peu près comme Troppmann comprenait les promenades au clair de lune en dehors des fortifications.

— Le libre exercice du vice et de la débauche, l'impunité des délits et des crimes, voilà ce qu'ils réclament ! Tout ronger, tout détruire, tout salir. Raser tout ce qui est beau, baver sur tout ce qui est bien, exalter tout ce qui est mauvais ! Saper toute société civilisée jusque dans ses fondements, faire un immense feu de joie de tous ces débris, et sur ce sanglant chaos s'emplir de vin bleu, piétiner, se vautrer et rouler ivres-morts ! tel est leur idéal !

A ce mal sans remède, je ne connais qu'un palliatif : Le gendarme !

Car il faut bien le reconnaître : Tant que nous serons hommes, ce qui peut durer encore longtemps, il y en aura toujours parmi nous qui ne pourront être conduits que par la crainte du châtiment : — et qu'on ne vienne pas ici faire intervenir l'instruction et l'éducation : il en est beaucoup parmi ceux dont je parle auxquels ni l'une ni l'autre n'ont manqué : sans doute, ce sont deux puissants moyens de moralisation, mais qui échoueront nécessairement contre une trop forte dose de mauvais instincts.

— Il y aura toujours des êtres qui naîtront et resteront mauvais, parce que dans ce monde le mal côtoie le bien; parce que la nuit suit le jour; parce que le champignon comestible pousse à côté du champignon vénéneux ; parce que malgré tous les efforts de la science, on verra toujours des bossus et des veaux à deux têtes !

— L'arbre démagogique porte cependant d'autres fruits : Il y a un véritable parti politique composé de gens, honnêtes parfois, convaincus souvent, qui s'imaginant voir la société marcher la tête en bas, pensent qu'il suffit de la retourner pour lui rendre sa position normale : — Ceux-là désirant le gouvernement de la nation par les classes inférieures seules, sont plus encore dans le faux que les monarchistes qui veulent réserver l'exercice du pouvoir aux seules classes élevées, car celles-ci ont au moins pour elles une plus grande quantité de science et de lumières : ainsi comprise, la démagogie n'est qu'une aristocratie par en bas ! On peut donc lui appliquer ce que l'on connaît sur les gouvernements aristocratiques.

Nous voici arrivé à la fin de notre exposé : nous n'avons pas la prétention de nous être toujours montré impartial, car il y a des choses qui nous semblent trop profondément mauvaises, pour qu'il soit facile d'en parler avec indifférence : mais du moins avons-nous la certitude d'avoir été constamment véridique.

ERRATUM

Page 8 — Au lieu de autoritoire, lisez autoritaire.

— 9 — Au lieu de Arancanie, lisez Araucanie.

— 16 — Au lieu de bonniments, lisez boniments.

— 19 — Au lieu de est renoncer, lisez est de renoncer

— 23 — Au lieu de barriolée, lisez bariolée.

— 29 — Au lieu de ayeux, lisez aïeux.

— 31 — Au lieu de conté, lisez coûté.

— 31 — Au lieu de Laissant, lisez Laisser.